中国东北民俗文化系列

旧时游戏

孙作范 曲士龙 刘剑锋 著
杨庆茹 孙小婷 执笔

黑龙江科学技术出版社

图书在版编目（CIP）数据

旧时游戏 / 孙作范，曲士龙，刘剑锋著；杨庆茹，孙小婷执笔. -- 哈尔滨：黑龙江科学技术出版社，2018.11
（中国东北民俗文化系列）
ISBN 978-7-5388-9832-3

Ⅰ. ①旧… Ⅱ. ①孙… ②曲… ③刘… ④杨… ⑤孙… Ⅲ. ①儿童 - 游戏 - 东北地区 - 现代 - 图集 Ⅳ. ① G898-64

中国版本图书馆 CIP 数据核字 (2018) 第 160829 号

旧时游戏
JIU SHI YOUXI
孙作范　曲士龙　刘剑锋　著　　杨庆茹　孙小婷　执笔

项目总监 薛方闻
策划编辑 薛方闻　郑 毅
责任编辑 梁祥崇　郑 毅
装帧设计 刘剑锋
美术编辑 陈裕衡
摄　　影 张云艳
出　　版 黑龙江科学技术出版社
　　　　 地址：哈尔滨市南岗区公安街 70-2 号 邮编：150007
　　　　 电话：（0451）53642106 传真：（0451）53642143
　　　　 网址：www.lkcbs.cn
发　　行 全国新华书店
印　　刷 天津盛辉印刷有限公司
开　　本 787 mm×1092 mm　1/12
印　　张 9
字　　数 120 千字
版　　次 2018 年 11 月第 1 版
印　　次 2018 年 11 月第 1 次印刷
书　　号 ISBN 978-7-5388-9832-3
定　　价 98.00 元

君自故乡来　应知故乡事

——《中国东北民俗文化系列》序

孙作范、曲士龙、刘剑锋三位青年艺术家，虽然我对他们的名字早有耳闻，知道他们三位都是哈尔滨学院的美术教员，但毕竟未曾谋面，算是不熟悉的吧。不过，他们三位创作的《中国东北民俗文化系列》中关乎早年中国东北少年儿童之游戏的雕塑作品，我却十分的熟悉。应当说“这样的熟悉”是一种健康的、良好的艺术家和读者与评家的关系。通过一部优秀的艺术作品，让 “陌生”的彼此成为神交的朋友、知心、同好，不能不说是一件令人愉悦的事情。

就像父辈们在哼唱老歌儿中常常会在心中泛起某种画面、某种回忆、某种亲切、某种经历和某种怀旧的感情一样，这三位令我尊敬的青年艺术家创作的，那一尊尊叠加东北儿童的“游戏”小型雕塑，悄然地让我想起了自己的那些童年往事，我的那些童年的小伙伴儿们，想起了我曾那样倾情、那样痴迷的少年游戏。这一切真的是太甜美了，在悠然的欣赏中，仿佛整个灵魂于瞬间也变得通透与纯粹起来了。的确，这是一部维系亿万东北人纯朴感情的风情之作。有道是“羁鸟恋旧林，池鱼思故渊”啊。所谓“人世光阴催日日，乡间时节自家家”。

掩卷静思，早年的那些弥足珍贵的、稚嫩的情感之花和小小少年之游戏，大多随着岁月的流逝与凡尘的掩盖变淡了，模糊了，甚至“忘却”了。没错，是孙作范、曲士龙、刘剑锋三位青年艺术家创作的这些民俗雕塑点燃了我的记忆之火，在呼之欲出的孩子们玩耍中，朗朗童谣的嘻笑中，让我看到了我的过去，我童年与少年生活的缩影。这很神奇。无论是吹纸风车、滚铁环、打冰猋、摔泥炮，还是网蜻蜓蝴蝶、自制冰鞋、吹肥皂泡，连同弹玻璃球、走五道、跳格、跳绳、欻嘎拉哈等，让我“震惊”的是，我们那一代人的童年游戏竟如此的丰富多彩，而且极具创造的品质。没错，正如德国雕塑家约瑟夫·博伊于斯提出的“人人都是艺术家”的主张一样，恰恰是这种天然天赋的创造性与艺术性，培养了我们那一代人的想象力和自立能力，这种甘甜的心灵滋养是何等的让人动容啊。说实话，在我还没打开这本书的时候，多少还有一点点担心，君不见，现在的某些年轻人喜欢“创新”，标新立异，另辟蹊径。在如此诱惑下，忽略了中国文化之本源，中国人的个性情采，恋乡恋土的侠骨柔情。这样的迷失在艺术界，包括音乐、文学，并非鲜见，让人惘然若失，无可奈何。然而，翻开这本书，一路欣赏下来，我的心渐次地安静下来，以至入境而忘返。是呀，这样的雕塑艺术作品才是艺术家良心的写照。

当然，用雕塑艺术的形式还原一代人的生命历程，一方地域的风俗史，一代人的情感，乃至一代人的游戏，仅仅靠所谓的“真实”是不够的，艺术家还须有自己的想象力、创造力和独特的艺术表达能力，这样才能突显艺术品的感染力、冲击力。没错，这三位青年艺术家“以彩色黏土为材料，采用立体的雕塑艺术表现形式，以其朴拙的造型、夸张的表情、鲜艳的色彩，既秉承了传统民间雕塑之艺术形式，又有他们独到的审美追求”。在他们眼里“上帝和世界（平民）就是艺术”。

在欣赏这三位青年艺术家创作的这一尊尊彩色雕塑的过程中，仿佛我就在他们所营造的、略显夸张的艺术环境当中，其中的某个孩子就是我，群塑中的那个男孩儿和女孩儿，或者是我小时的玩伴，或者是我的同学，或者是我的邻家孩子。入境者先入情啊！优秀的艺术作品无疑是一种无声的唤醒，它在刹那间让我想起那些儿时玩伴的名字（小名），他们的小个性，他们的小表情，他们的哭闹，他们玩赖的样子——这所有的一切，又怎能不让人沉醉呢！

我也在想，我为什么会如此动容，如此的沉醉呢？想来也不难回答，这些艺术品提供给我的是纯粹东北的风情，东北孩子的情趣，东北孩子们的漫烂童年。东北冰天雪地下的爬犁，脚滑子，打出溜滑，打雪仗，堆雪人儿，随着春风呼呼转动的彩色纸风车；夏天里跳格，下五道，追逐随风沉浮的肥皂泡；秋天摔泥炮，滚铁环儿，弹玻璃球，撞拐子……，这本书让我想起了儿时的童谣、歌谣，有的记不住了，然而这本书却把这一切都提供给了我，不由得让我这个东北佬随之击节而歌。还有那些游戏规则——怎样判定孩子们彼此之间的输赢呢？艺术家想到了这一点，并把它们一一标注出来。是呀，虽然是小孩子们的游戏规则，是玩儿，是游戏，设若将它们深挖下去，却在孩子们的潜意识中培育了一种对规则的恪守与敬畏，逐渐养成一种人格的力量。这对他们日后的事业，对他们的创造性都不无潜在的影响。游戏也是生命的组成，也是生命之价值的组成部分啊！

在书中，我不仅看到了儿时的游戏，还看到了小时候那些既能玩儿又能吃的“小吃”，比如说“搅糖稀”，比如说“棉花糖”，等等。还有积攒大人抽空的香烟盒儿，并将其叠成各种形状的“小艺术品”。小的时候我就这样做过，并拿出来向小伙伴们显摆，也在小伙伴的显摆中受到启发。须知启发，对儿童来说是很重要的一种思维模式，启发永远是我们前行的灯塔啊。还有“挑冰棍杆儿”，这同样是一个富有创造性的游戏，玩这个小游戏，孩子们需要有耐心，需要把控能力和睿智的目光。这同样对一个孩子的智力成长有着潜在且深厚的影响。我深信我们这一代人，以及比我们还年轻的人，抑或我们的父辈，都是在这样的游戏中悄然地使自己的智力从一颗小树苗逐渐成长为参天大树，成为社会的栋梁，成为人类前行与发展的大用之材。

哈尔滨是一座有着绘画与雕塑传统的城市，这座年轻的城市自开埠以来，也不过百多岁的城龄。早年那些由于战乱逃亡至此的俄侨艺术家，在这座城市里开办了专门的美术学校，教授中国学生油画、水彩画、木刻、素描和雕塑等，他们自己也曾零星用画笔，用他们手中的泥巴“记录”了这座城市的风情风貌。的确，这样的立体艺术“记录”，比之文字，摄影，甚至比之史学家似是而非的考证，更鲜活，更艺术，更亲切，也更有温度。这也是对后来的艺术家们的一种影响，启发。这个世界上绝没有无源之水。

至于雕塑之技法，我以为无技痕而传神者为之上品。正如古人在论画中所说“至纯熟已极，能画无笔迹”。正所谓“欲巧先拙……善者曰巧匠，不善者曰拙工”。这便是我欣赏这三位青年艺术家民俗雕塑创作的心得。不过，说到底，我终究是个纯粹的外行，漫云故乡风情尚可，遑论雕塑之技法就难免相形见绌了。故此打住。慎言为妙。

我认为，哈尔滨之所以有着辉煌的文化艺术前景，其中就包含着拥有像孙作范、曲士龙、刘剑锋这样的一批有志向、有抱负、有才华的青年艺术家，他们多年来一方面秉承着民族民间雕塑方法的传统，一方面怀着一颗对大东北之家乡的炙热情感，以传神之妙手，以刻苦之精神，将这样一段别致美好的“小历史”再现出来，捧呈后人。如此掂量下来，无疑本套丛书是弥足珍贵的，是值得珍藏的精神财富。

是啊，这些年轻的艺术家还要继续创作下去，我自然知道，他们正在创作《东北秧歌》《黑土萨满》《关东习俗》《赫哲风情》《鄂伦春族》等民俗民情雕塑作品，将用他们生动且灵活的双手，鲜活的且忠诚的表达，向各位展示一个多姿多彩，风情万种的东北民俗之雕塑画卷。于是，我便有了一种期待。这很像期待与好朋友再一次见面，聊天。

备聊一格，是为序。

阿成

二〇一八年夏末

自序：留住那些阳光灿烂的日子

人过中年便开始喜欢回忆，鲁迅用他的散文集《朝花夕拾》记录下他的青少年时光，但我们的孩提时代又是怎样的呢？要如何记录下来呢？

对于我们来说，虽然年少时的生活物资是匮乏的，但我们却处于生活“泥淖”的外面。在那个年代里，游戏无疑是我们生活的核心，甚至是全部。

受当时生活条件的限制，游戏中所用的玩具几乎都是孩子们自制的，而材料大多取自天然（如树杈、石子等），或是生活用品和工业产品中的边角废料。但我们总能花样翻新，玩得乐此不疲。正如姜文在其电影剧本《阳光灿烂的日子》扉页上所写的，“那时候永远是盛夏、大晴天。太阳总是有空出来伴随着我们，阳光充足……”

伴随着时代的变迁，虽然有极少的游戏还保留着，但其中的绝大部分游戏却早已沉入时间的“河”底。即便是仍然保留的游戏，玩具也早已由手工制作，变成了直接购买。

我们试图通过朴素，甚至略显稚拙的“漫塑造型语言”，将那些生动的游戏记录下来，借此留住那些阳光灿烂的日子。

目录

几个风车呼啦呼啦一起转动的时候，心情灿烂得简直想飞！

扫码观看玩法动画

一吹就转的风车

风车总是跟春天相伴。想要得到一个风车，最好的方式就是自己做。做风车的过程很有趣，一张四方形的彩纸，一个图钉或者大头针，一根小木棍就够了。画好线，用小剪刀小心地裁开，要格外注意不能剪断，然后把四个角叠加到中心，再固定住就好了。女孩子喜欢装饰风车，画上各种自己喜欢的图案，或者把每个扇叶涂上不同颜色，这样的风车转起来简直就跟彩虹一样好看！

我的第一个风车是巧手的爸爸做好送我的，他说风一吹就会转。我觉得很神奇，就用嘴对着风车猛吹，可是风车一动不动。旁边的小伙伴笑我，“不能从正面吹呀，要从侧面！”大概是我力气还不够大，从侧面吹，风车依然一动不动。我有点儿泄气地对爸爸说：“你说的方法不好用，你看它就是吹不动嘛！”爸爸说：“那你拿着风车小跑起来看看！”话音未落，心急的我就一路小跑起来。啊，真棒！风车真的迅速地转起来了！从那时候开始，我就跟爸爸学做风车，而且独立做出了许多漂亮的、适合自己吹的小风车。我还学会了很多风车的玩法儿，比如，把风车插在爸爸的自行车上，借助自行车运动带来的风力感受它快速转动的欢乐。比如，我把几个风车扎在一起，风起舞的时候，几个风车呼啦啦一起转动，心情灿烂得简直想飞！

我喜欢听风车转动的声音，声音中有硬纸张的韧性和清脆。我更喜欢涂画我的小风车，我把对蓝天白云的渴望，把自己童年的美好向往都一一画在了扇叶上，让它们随着风车一起呼啦啦地转啊转……

那“哗啦哗啦”的滚铁环声响成一片，场面蔚为壮观！

扫码观看玩法动画

跑来跑去的滚铁环

冬有冬的乐趣，春有春的热闹。冰消雪融后，爬犁、脚滑子就都没办法玩了，可是这丝毫不会影响少年们那一颗颗想玩的心。滚铁环就是男孩子们特别喜欢的一个游戏。

先用粗铁丝或细钢筋撼一个大圈，然后再做一个长柄的铁钩子，高级些的也可以直接把废弃的自行车轱辘的橡胶圈、辐条拆掉，基础版的铁环就算做好了。如果想把铁环做得更加“高大上”些，还可以在铁环上套上数个用铁丝做的小环，铁环滚起来时，小环就会在铁环上滚动，发出悦耳的声音，特别神气。推着铁环在街巷里跑来跑去或者一路滚着它去学校，就犹如今天带着滑板出门一样帅气和潇洒。那时马路上车少，在路上滚铁环几乎不用担心安全问题。所以，家长们也都很支持孩子们滚铁环，甚至帮着孩子们做铁环。

做铁环容易，可滚铁环就是一件技术活儿了。一般是先将铁环向前转几圈，让它滚动起来，然后趁着惯性赶快拿铁钩子去推着它向前走，只要不倒就成功了。铁钩子用来控制方向，可以让铁环直走或拐弯。那些铁环推得好的小伙伴则不需要这么麻烦，他们只需单手拿铁钩子将铁环往前一送，铁环就会乖乖转动起来。他们能把铁环从家一路滚到学校，绕过各种障碍，甚至可以过沟上坡。玩累了，用铁钩钩住铁环，往肩上一扛，那姿势极为潇洒，铁环绝对是男孩子们炫技的宝物。

童年的记忆里，在放学的路上，经常可以看到一群背着书包、满头满脸脏兮兮的男孩子推着铁环奔跑的样子，那“哗啦哗啦”的声音响成一片，场面蔚为壮观！

毽子往空中一抛，迅即开始了你盘我勾的热火朝天场面。

扫码观看玩法动画

或盘或勾的踢毽子

虽说踢毽子不分男女，而且常常高手是男生，可是我童年的记忆里踢毽子的高手是一位邻家姐姐。她虽然已经20多岁了，可还是喜欢跟我们一起踢毽子。每天吃完晚饭，姐姐会挨个叫我们出门。有的时候在我家窗前，她拿起毽子只需轻轻一挥，我立马就明白了，乐颠颠儿地跑出去凑数儿。

原本一块儿平常的空地，小伙伴们一到齐，毽子往空中使劲儿一抛，迅即就成了最热火朝天的地方了。你盘我勾，欢声笑语，直到天黑得看不见毽子才汗巴流水儿的回家去。

为了踢毽子，我还跟爷爷学习过制作毽子。因为羽毛不好攒，而且做毽子最好用大公鸡尾巴上的羽毛，硬挺，色彩鲜艳。可不是谁家都养公鸡啊！爱动手的爷爷就找来替代品——玻璃丝绳儿。再找几个铜钱儿。先把玻璃丝绳儿裁成一段一段等长的短绳儿，然后一点点披成丝儿。拿两三枚铜钱儿过来，把一簇撕得匀整的玻璃丝穿过铜钱儿中间的孔，然后拿到炉火上一烧，孔后的玻璃丝烧成液态，迅速在炉盖儿上压平，玻璃丝就固定在铜钱上，于是，一个毽子就做好了！用手掂两下，玻璃丝像一头整齐的长发一样一甩一甩，心里就美滋滋的。

现在，我已人到中年，我的老妈也到了夕阳红的年龄，但是她的童心却似三月般莺飞草长。她最大的爱好就是组织小区的居民踢毽子！

看着她把毽踢得老高老高，看着她把我给她网购的毽子一个个踢烂，我的记忆总是不知不觉回到那个自己做毽子、踢毽子的快乐年代……

春满乾坤福满门

助跑，加速，啪的一下按住“驴”背，噌的一下跃了过去！

扫码观看玩法动画

喜感十足的跳驴

粗犷豪放的黑土地让很多老游戏的名字别具地方特色，北京的“跳山羊”到了冰天雪地的东北，就成了“跳驴”，喜感十足。其实，从游戏的要求上看，这是一种模拟山羊跳跃的游戏。这个游戏看起来简单粗暴，铆足劲，助跑，加速，啪的一下按住小伙伴弯下的身子，噌的一下就从小伙伴身上跃过去！男生的豪气、女生的伶俐尽在其中……

可是，也会出现意外，一不小心没跳好，要么跨在了“驴”背上，要么摔个“狗啃泥”，还有可能摔伤呢。这既令人沮丧，也有损形象。但是游戏实在太好玩儿了，跨上去的再重来，摔下去的爬起来，磕破了膝盖的就抹上红药水，养几天——继续！

跳驴游戏没有任何成本，却有很多种玩法，一般按性别自行组合队伍。一般是一队的小伙伴猜拳决定谁最先做“驴”，以后谁没跨过去谁就去做“驴”，这样最公平。谁不遵守规则，谁就会被嫌弃，被驱逐，就会被指责“玩赖”。游戏教会了我们如何去遵守规则。

多人跳一个人是最常见的玩儿法。“驴”弯腰，双手垂地。大家从其背上一一跃过。跳一轮，“驴”的高度向上升一次，这个有点像跳高。一般的上升顺序：手把脚脖儿—手把小腿肚子—手把膝盖—手把大腿—低头双臂紧紧抱在胸前，最后这个高度很少有人能跳过。如果大家都不失误，那个做“驴”的就惨了，常常一轮下来，累得腰酸背痛，满头大汗！

动脑动手又快乐的游戏谁不爱呢？每每回忆起跳驴这个旧时游戏，脑中就浮现出“动物小说大王”沈石溪老师描绘的斑羚们用生命在空中划出的优美弧线……

一条彩绳加上灵巧的手指，就可以翻出许多的花样！

扫码观看玩法动画

百变的翻绳

“花绳新，变方巾；方巾碎，变线坠；线坠乱，变切面；面条少，变鸡爪；鸡爪老想刨，变个老牛槽；老牛来吃草，它说花绳翻得好！”儿时，经常一边哼着《花绳谣》，一边和小伙伴们一起翻花绳。想当年，翻绳可是女孩子最流行的游戏了！兜里天天揣着一根翻绳，随时都可以掏出来玩上一会儿。

你瞧，一条彩绳加上灵巧的手指，上下翻飞，就可以翻出许多的花样：金鱼、钱包、面条、渔网、大桥、双十字、花手绢 、一朵花、降落伞……

翻绳游戏可以一个人玩，也可以多人玩，通常两个人翻绳玩比较有趣。单人玩可以将绳圈套在双手上，用双手手指或缠或绕或穿或挑，经过翻转将线绳在手指间翻出各种花样来，属于自娱自乐。双人玩一般是一人先用手指将绳圈编成一种花样，另一人用手指接过来，翻成不同的花样，相互交替，直到一方翻不下去为止。拉错线、翻错弯的一方都算输。其实，翻绳游戏不像其他游戏那样一定要比个输赢，更多时候比拼的是看谁翻得准，看谁翻得快，看谁翻的花样多。都说心灵手巧，这一点在翻绳游戏中体现得尤其明显。经常是几个人围着两个翻绳的小伙伴看，看着看着手也痒痒了，就再组合几对，然后几组一起翻，看看哪组在规定的时间里翻完规定的花样儿。这样的场面热火朝天，很是壮观。 最后胜出的一定是配合最默契的一组。

在翻绳游戏里，不需要花费什么金钱，
只要拿出你的聪明才智，乐趣就似涟漪般
荡漾开来。

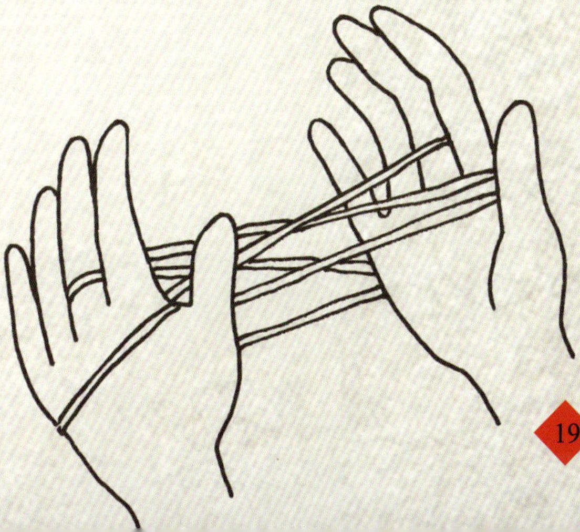

尽管校园里禁止玩弹弓，可有些男生还是偷着把弹弓带到学校！

扫码观看玩法动画

总是惹祸的射弹弓

印象里，淘气的男孩子总是跟弹弓连在一起的。因为童年的记忆里，弹弓好像除了打鸟，就总是惹祸的工具。所以，弹弓在家长那里常常是被禁止的。可是，男孩子就是喜欢这个，也总会偷偷摸摸地做弹弓。

制作一般的弹弓是要先找到一个大小适宜的“Y”形树杈，为了弄到一个满意的“Y”形树杈，男孩子们没少爬上跳下的。然后把树杈修整好，分别在两个杈儿上用小刀刻上一圈，再绑上猴皮筋儿就做好了。这是成本最低的弹弓。也有高级点儿的——用钢丝撼好，再套上猴皮筋儿。弹弓做好了，还得配弹丸。现成的弹丸可以是黄豆、绿豆、玉米粒儿，可是这些“弹丸”被家长发现就是罪名一条：祸祸粮食。而且这弹丸杀伤力太强，容易伤人。还有一种杀伤力更强的弹丸，就是小石子儿，这种“弹丸”轻易不能用，男孩子们都懂。所以，最好的弹丸就是废纸做的弹丸——把写过字的草纸揉搓成大小均匀的纸团儿。那时候，男孩子的衣兜里常常能翻出一把把的纸弹丸来。

学校是禁止带弹弓进校园的，但强烈的冒险精神还是让有些男同学偷着把弹弓带到了学校。因为怕老师发现没收，他们就把弹弓子藏在裤腿里，或者偷放在学校的某一个只有自己能找到的角落里。有弹弓的男同学课间偷摸取出弹弓，然后就开始逞英豪了。他们或者分成两伙儿对射，或者比赛谁射得远、射得准。树枝上的树叶被射落了，天线上的小燕子被惊跑了……

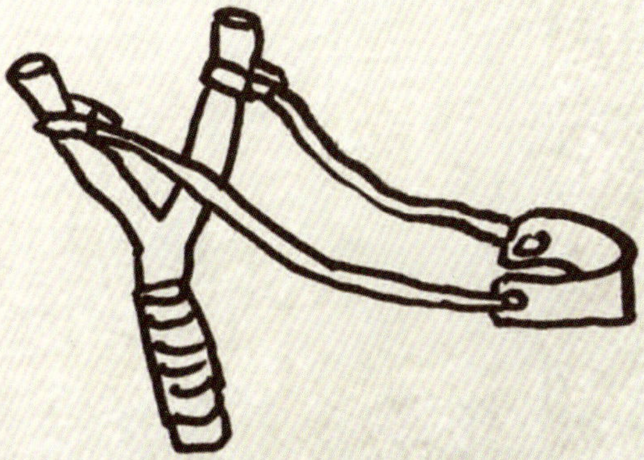

跳房子的玩法很多，有单脚跳、双脚跳，或单脚、双脚混合跳！

扫码观看玩法动画

考验体力和技术的跳房子

玩跳房子游戏，第一步是画“房子”。用粉笔在地面上画出“房子”，“房子”里的格子可以自由组合设计，再由近至远依序写上数字，最后一格是“天堂”，往往是半圆形或者三角形来充当“房顶”。然后在距离第一格适当位置处，画一条线作为起跳点。接下来，小伙伴们就猜拳决定谁先跳谁后跳。

房子画好了，第二步，还需要准备好“子”。“子”可以是石头、瓦片、沙包、木块……，我们最喜欢用沙包。

游戏正式开始，就要按照约定的规则进行了。可以约定“子”每次只走一格，就是把“子”扔进第一个格子，跳进去弯腰拾起，继续扔进第二个格子，依此类推。当然也可规定一次走两格或三格。另外，可以规定单脚跳，也可规定双脚蹦，还可以单脚、双脚混合跳。要按格子里标注的数字顺序往前扔“子”，“子”不能越格、压线，否则就算失误。如果失误了，就换由对方跳。待到对方小伙伴失误，本方可从上一轮失误的那格开始继续往下跳。通常都会约定不得在“房子”内久留，这既是对体力的考验，也是对跳房子技术的考察。这样一直跳到“房顶”外，然后反身扔“子”，“子”掉到哪个格子，哪个格子就属于你了。然后，重新从第一格跳起，跳到那个属于你的“房子”，就可以双脚着地了。如此往复，乐此不疲。游戏最后，谁占的格子（“房子”）多，谁就是赢家。

跳房子在各地的玩法大同小异，还有的地方把这个游戏叫“跳飞机”，有首童谣是这么唱的：“天空海阔任鸟飞，小小天地跳飞机，大众一齐唱首歌，开开心心真有趣。”

搅糖稀，搅的是快乐，搅的是甜甜的童年时光！

与吃沾边儿的搅糖稀

童年的很多游戏都是练脑练手练体力的，跟吃挨上边儿的，大概只有搅糖稀了！那年去西安回民街旅游，正东张西望呢，忽然一位老奶奶一声吆喝：搅搅糖嘞！搅搅糖是什么东西？走上前一看，哦，原来就是我们儿时的搅糖稀嘛。我立马就买了一份儿原色的搅起来，记忆突然就拉回到童年……

那时候，知道糖稀是熬出来的，但是我们自己熬不了，所以，只好拿钱去买。虽然花几分钱就能买到，但那时候家里孩子多，父母的工资也不高，一分钱也是钱呢。我们学校门口有个老奶奶，常年卖各种玩具和小食品。她那里是我们最喜欢去的地方之一。我喜欢吃甜食，糖稀是我的最爱。知道我们兜里钱不多，所以，老奶奶的生意做得很灵活：五分钱能买到一大团，很土豪的感觉；两分钱不嫌少，一分钱也卖给你！一分钱的糖稀搅起来不过瘾，我经常买两分钱的，不多不少，搅起来刚刚好。一边用两只细竹棍儿交叉搅动，拉丝，试图把丝越拉越长，让浑黄的糖液渐渐变得白亮剔透；让软软的糖液变得越来越硬挺晶莹。但是丝越拉越长，糖稀就有掉到地上的危险。一旦出现险情，我就立刻舔上一口。就这么一边搅一边舔，搅够了，糖稀也差不多被吃光了。也有的同学馋了，买来糖稀还未来得及搅呢，就三口两口给吞肚子里了。其实，这时候反倒吃不出甜了，因为甜得腻人，用我们东北话讲就是齁。过犹不及，其实，搅糖稀已经给了我们这样的启示。

搅糖稀，搅的是快乐，搅的是甜甜的童年时光。在这时光的慢慢流淌里，我们彻彻底底感受到了童年的温馨甜蜜……

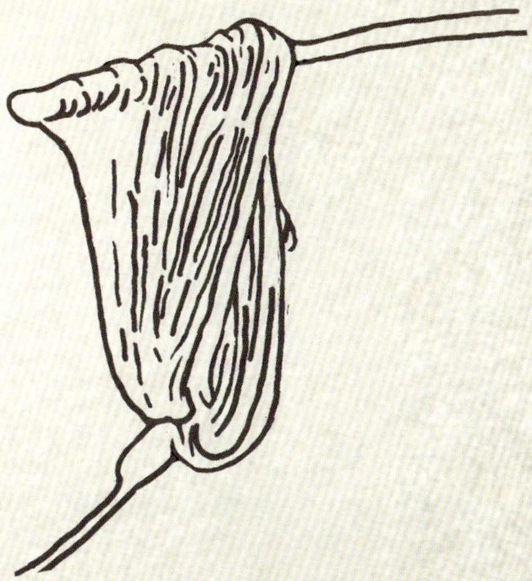

向上一掂的同时，迅速伸手去抓
空中被掂起的三角啪唧……

扫码观看玩法动画

掂啪唧，扇啪唧，拍啪唧

玩啪唧(piàji)的游戏分两种，玩具各不同：一种是用来掂的啪唧，三角形；一种是用来扇的啪唧，圆形。

先说掂的啪唧吧。先要攒烟盒。撕下空烟盒里面的锡纸，把外面的烟盒纸展平，压好，这样一张张纸攒起来，然后再一张张地折叠成三角形，就制成三角形啪唧了。掂三角啪唧一般是两个人比赛，两个人拿出一样多的三角啪唧，把这沓三角啪唧放在自己的手背上，向上一掂的同时，迅速伸手去抓空中被掂起来的三角啪唧，看谁抓到的多。抓得多的就可以把对方没抓到的三角啪唧收归已有。然后进行下一轮比赛，这样一直抓到一方小伙伴的三角啪唧都被对方赢走为止。通常，先出场的三角啪唧都是不太值钱的，双方可以讲定值钱的三角啪唧一张抵几张不值钱的，这样即便是输了，也能输得慢点儿。

再说说扇的啪唧吧。先要割一块圆形胶合板，然后在上面画图画，再用刻刀刻出模子，然后蘸上印泥印到鞋盒一类的纸板上，再剪下来。那时印泥比较稀缺，有时就蘸红墨水、蓝墨水印啪唧。扇啪唧，顾名思义，是用一张啪唧扇到地上时产生的风力，把另一张啪唧扇翻面了，就算赢。

也可以拍啪唧，但是比较伤手。先把啪唧放在地上，有图案的一面冲下，谁用手把啪唧有图案的那一面拍过来谁就赢了，那张被拍过来的啪唧自然就属于他了。回想起来，那些扇啪唧高手每每结束战斗后捂着鼓鼓的口袋得意地离开的时候，都像凯旋的将军一样威风十足，令人羡慕，即便手已经拍得通红。

那时候，“蔔蔔”“迎春”“江帆”“蝶花”“握手”“大刀”都是普通的烟，用这些烟盒纸做的三角啪唧身价就不高，但是像“大前门”“中华”这些烟盒纸叠成的三角啪唧就身价不菲，玩的时候可以以一当十呢。

看着泡泡越变越大，从管中落下来，在空中飘来飘去……

扫码观看玩法动画

吹出水晶球般的泡泡

谁的童年没有一个泡泡梦？在五光十色的梦里，在小人鱼的嘴里，在小女孩喜欢穿的泡泡袖连衣裙里……

物质贫乏的年代，童年的我们总会把用剩的碎肥皂放在一只小碗里，加上点水，然后不停地搅啊搅，等它都溶化成肥皂水了，就用一支吸管蘸上那黏稠的肥皂水（不能蘸多，也不能蘸少），然后慢慢地吹出一个又一个泡泡。看着泡泡越变越大，从管上落下来，再轻悠悠地在空中飘来飘去，在阳光下现出彩虹般的色彩，发出水晶球般的光亮，直到最后“噗”的一声消失得无影无踪……。让人欲罢不能又怅然若失的感觉总是牵动你去耐心地吹出一个又一个泡泡。在吹泡泡的世界里，没有最大，只有更大；没有最美，只有更美；……

吹泡泡好玩，其实做泡泡液的过程也蛮有趣。但是首先要注意取材“正确”。如果是用剩下的碎肥皂做，算是变废为宝，也不会遭到家长的责罚。可如果你一时心痒，把家里的新香皂或者是刚用了不久的肥皂切下一小块儿，那就坏了！一旦被家长发现，哪怕你的泡泡吹得天下第一，都会被家长揪回家狠狠训斥一番！

吹肥皂泡不仅仅能吹出圆形泡泡，还可以吹出椭圆形、葫芦形泡泡，甚至能连吹出一串串的泡泡。有时想，那些肥皂泡虽然存在的时间很短，有人管它们叫“泡影”，但它们确实存在过呀。

泡泡就像美丽的精灵，飞一会儿就回到太阳的怀抱了。

嗯，它们飞过我们的童年，我们总会记得。

一场挑冰棍杆儿玩下来，小手往往在地上抹得又黑又脏……

扫码观看玩法动画

心细手稳的挑冰棍杆儿

童年的记忆里，冰棍是相当奢侈的零嘴儿。那时候，家长的月工资也就是三五十块，所以，一根五分钱的冰棍与其说是吃到嘴里，不如说是舔进口中。因此，冰棍杆儿也不是随意丢弃的废物。每每吃完，我们就把冰棍杆儿洗干净攒起来，因为还有个好玩的游戏——挑冰棍杆儿等着我们哩。

这个游戏一般是两个人玩儿。首先是两个人各自拿出一样多的冰棍杆儿，猜拳确定谁先挑。然后，后挑的那个小伙伴一把将冰棍杆儿撒落在地，让对方挑。撒冰棍杆儿是有技巧的，不要从太高处撒，也不要撒得太快，防止冰棍杆儿四散开来没啥挑的难度。要尽量让冰棍杆儿互相压着，给对方出难题。先挑的小伙伴要小心地用一根冰棍杆儿在成堆的冰棍杆儿上挑，每挑出一根就归自己所有，但前提是不能碰到别的冰棍杆儿，只要别的杆儿动了（以肉眼目测到为准）就算输。有时候，也会因为其他的冰棍杆儿动了还是没动而争吵不已，少不了一番口舌之争后继续埋头苦挑。这样你来我往，轮流去挑，直到所有冰棍杆儿都挑完为止。最后看看谁的冰棍杆儿多，谁就是最后的赢家。这个游戏的胜利者一定是最有耐心，最沉稳的那个人。

一场挑冰棍杆儿玩下来，小手往往在地上抹得又黑又脏，特别不容易洗干净，回家挨父母说是自然的了。但是说归说，玩归玩，游戏的快乐只有孩子们自己知道！

食指挂在连着橡皮筋上的扳机上，
一勾扳机，纸弹“啪”地飞出！

扫码观看玩法动画

弹射有力的纸弹枪

很多男孩子的童年都玩过纸弹枪，食指挂在连着橡皮筋的扳机上，一勾扳机，子弹“啪”地飞出，命中目标，那叫一个爽！

制作纸弹枪时，先从粗铁丝的一端量出预设“枪管”的长度，用钳子弯成一个“U”形，使弯折后的两条铁丝靠紧。将此“U”形端向上弯曲，再从中间向下弯折，使它与平行的铁丝垂直。枪的“照门”便制作完成了。将铁丝长的一边向斜下方弯折，陆续弯成枪的“握柄”和“护弓”后，再弯折使其与初始的铁丝平行。对齐后剪断余下的铁丝。在距铁丝端一定距离处同时向上弯折，再将前端弯成环状，并向外分开，使枪头部分呈“V”形（“准星”）。用铜线将“护弓”到“准星”部分平行的铁丝缠绕、固定。再剪一段粗铁丝弯折成“厂”字形。将横直部分后端嵌入到“U”形中。而下面弯曲的部分即为“扳机”，位于“护弓”中。用皮筋儿将横直部分与贴靠在一起的“枪管”后部缠紧。这样扣动“扳机”弹射纸弹后，便会自动回到原位。将环形皮筋儿嵌入“准星”圆环中。用2厘米左右宽的纸条卷折多层，高度约0.5厘米，对折成“V”形纸弹。将纸弹挂在皮筋儿上向后拉伸，并挂到“照门”后。扣动“扳机”，纸弹在借助皮筋儿的弹力射向远处的目标。

别小看了这小小的纸弹枪，打在脸上可疼了。当然，通常他们男孩子在父母的厉声呵斥下是不敢把人当作瞄准目标的，否则，回家一顿胖揍是躲不过去的。在那个物质匮乏的年代，有多少男孩子怀揣一颗蠢蠢欲动的“勇敢之心”，偷偷地做纸弹枪，偷偷地瞄准比射程呢？

玩纸弹枪的基本都是男孩子，女孩子们只有躲避他们恶作剧把我们当靶子的份儿。

这纸弹枪所承载的，是自力更生的成就感，是男孩子的威猛比拼，是对邪念欲望的自制，更是童年那无拘无束、无忧无虑的美好时光……

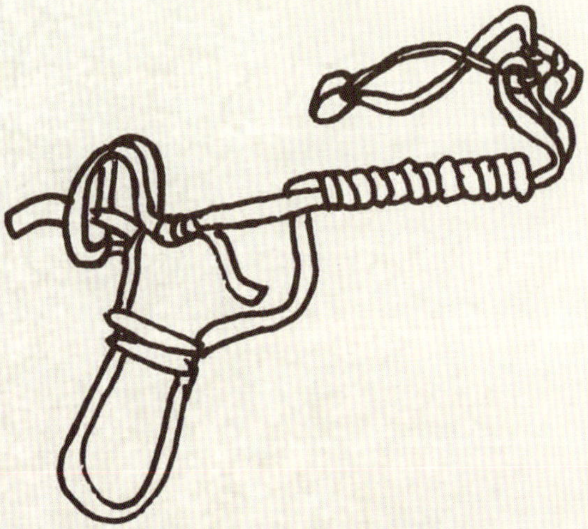

落地的一瞬间，泥炮内的空气就会冲破顶端，发出好大的声响……

扫码观看玩法动画

兼具力量与技巧的摔泥炮

摔泥炮是一个融合了力量与技巧的游戏。力量体现在“摔”上，技巧体现在“捏”上。摔的秘诀体现在摔的角度和力度上，捏的秘诀全在捏出的泥巴顶部的厚度上。

开摔之前，要先捏泥炮。两个人分出一样多的土，第一步是和泥。掺水要适中，要反复揉搓，让泥有韧性。掺水多了，泥巴就和稀了，捏不出想要的效果；掺水少了，泥巴太硬，摔起来不容易出洞。

泥炮，可以做成窝窝头那样的圆形，也可以做成一个差不多手掌大小的方方的槽子形，类似烟灰缸，里面是空的。泥炮的顶端要薄，越薄越好，但不能漏眼儿，实际上这才是捏泥炮的关键技术环节。

摔泥炮，需要控制的不仅是力度，更需控制好摔的动作角度。否则，泥炮在向下摔的过程中极有可能变形，摔在地上时不是清脆的一声“啪”，而是“噗”的一声变成一摊“牛屎饼”，会惹得小伙伴哄堂大笑。摔泥炮的窍门儿是摔的时候要敞口朝下，朝着一块平坦的硬地或平整的石板、木板上猛地用力一摔，动作要果决。如果力量大小正好、角度适中，泥炮在落地的一瞬间，泥炮内的空气就会冲破顶端，发出好大的声响，项端的薄泥层就会被气流冲破，飞出一些碎泥，从而在泥炮的顶端留下一个窟窿。窟窿有多大，对方小伙伴就要乖乖地用自己的黄泥巴给填多少。摔泥炮的输赢就是看最后谁赢的泥巴多。另外，还可以多做几个泥炮连摔，一次性决出胜负，哪怕脸上、身上溅了很多小泥点也在所不惜。

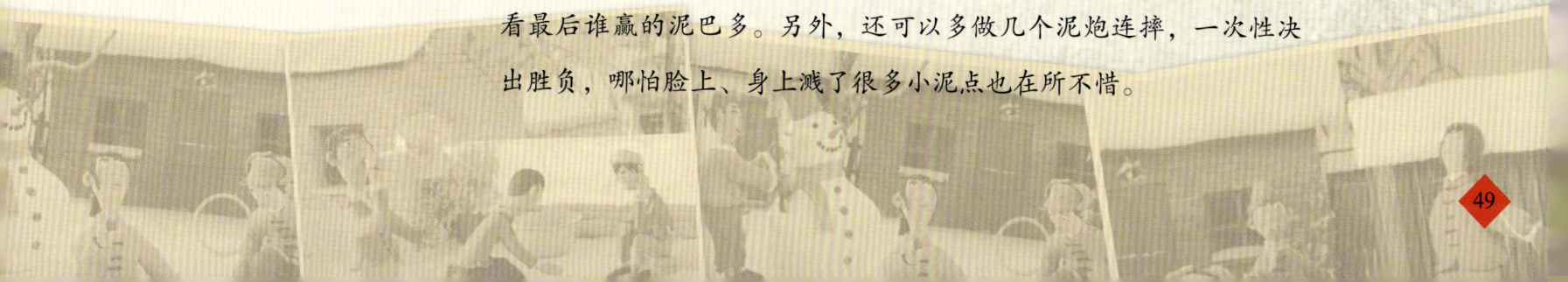

那时候的小孩儿不怕脏，好像那时候的家长也不怕小孩儿脏，双手沾满泥巴的童年，欢乐无限！

在抛起布口袋的瞬间，依次翻动嘎拉哈……

扫码观看玩法动画

乐趣无穷的欻嘎拉哈

“嘎拉哈”是满语，是用羊、猪、鹿等动物后腿膝关节上的小骨头做成的一种玩具。四个凑一副，就是女孩子童年最珍贵的玩具。

鹿骨头的嘎拉哈太难弄到，我从来没玩过。猪嘎拉哈比较大，手小的只能玩两个。羊嘎拉哈非常小巧，是我们的宝贝。嘎拉哈用钱买不来，需要费力地收集。一听说谁家杀猪宰羊了，马上就得跑去预约。那个年代大家生活水平都不高，一年到头也没几个杀猪宰羊的，所以，能攒出一副嘎拉哈真的需要很久，需要耐心地等待。好不容易凑齐一副嘎拉哈，一定要好好装饰一番。首先是清理干净，把上面残存的肉渣剔除，然后好好打磨一下，就是一副整洁的嘎拉哈了。如果想让它更漂亮，就给嘎拉哈“化化妆”。想让它变成紫色的，就涂上紫药水；想让它变成红色的，可以用红药水，也可以用花瓣的汁液涂抹、晒干，然后一副漂亮的嘎拉哈就像四个俏丽的小姑娘一样闪亮登场了。

嘎拉哈的四面凹凸不平，每一面都有特定的名称，我们叫它“珍儿”“轮儿”“壳儿”“背儿”。一种玩法是翻嘎拉哈，玩前讲好规则，确定好翻成哪一面。玩的时候，将嘎拉哈从手中潇洒地一把散开，不管它们怎样的四仰八叉，这时候你都不能犹豫，要抛起小布口袋或小皮球，在它们腾空的瞬间，眼疾手快，依次翻动嘎拉哈，把四面翻成一个模样。嘎拉哈的玩法儿花样繁多、变化多端，因此，带给我们的乐趣也是无穷的。

其实，谁也没规定欻（chuǎ）嘎拉哈就是专属于女孩子的游戏。在游戏中，女孩儿的敏捷、细心、优雅，男孩儿的力量、阳刚、稳重，就这样一点一点滋养出来……

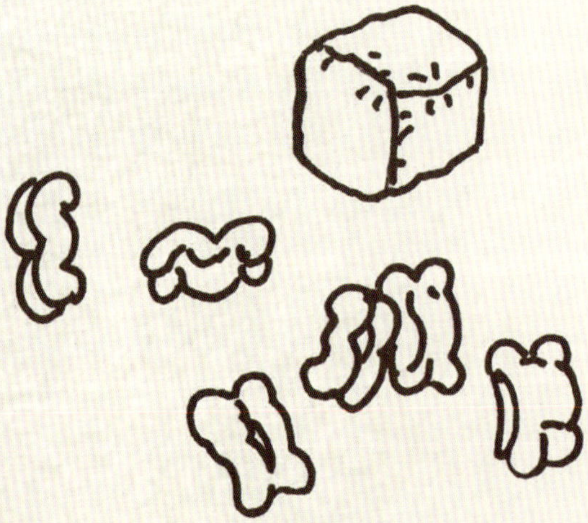

大年初一福门开
福
春满乾坤福满门

如果是鱼形，扎第一刀后，用手量一下自己这边离落点几拃长？

扫码观看玩法动画

抢占地盘的扎关刀

童年的游戏很多，最有意思的占地盘游戏大概就属扎关刀了。扎关刀要先选好地盘。地上的土要松软适度，小的水果刀或者削铅笔的小刀能扎得上，也有拿妈妈做缝纫活的锥子用的。玩的时候，两个小伙伴先在地上画个大方框，或者画条鱼的形状，在中间画条线，一人一半或鱼头鱼尾。然后在框外画个十字，俩人各扎一刀，谁的那一刀落点离十字中心点近，谁就先在方框或鱼形里面扎刀。

如果是方框，先扎的小伙伴就在对方的地盘内扎一下，刀能扎上，就可以在分割线与对方的边线之间经这个落点画条垂直线，然后问对方要新分割出的地盘的哪一半，对方要好了，就可以把对方小伙伴新地盘以外的线都抹掉，其余的地盘就归自己了。然后继续扎刀，扎好后继续分地。如果刀扎不中倒了，就轮到对方扎刀。直到一方的地盘足够小，则游戏结束。

如果是鱼形，扎上第一刀后，用手量一下自己这边离这个落点有几拃（zhǎ，大拇指与中指充分打开后，两个手指尖之间的长度）长，一般规定不能超过一拃长，没超过规定距离就在两刀之间连上直线，继续向对方鱼眼进军，直到扎到鱼眼为胜。如果超过规定距离，扎刀权就得乖乖地交出来。中途刀扎不中倒了，或者刀尖儿压线，也要交出扎刀权。所以，不是先扎的就一定赢，也不是后扎的就一定输。

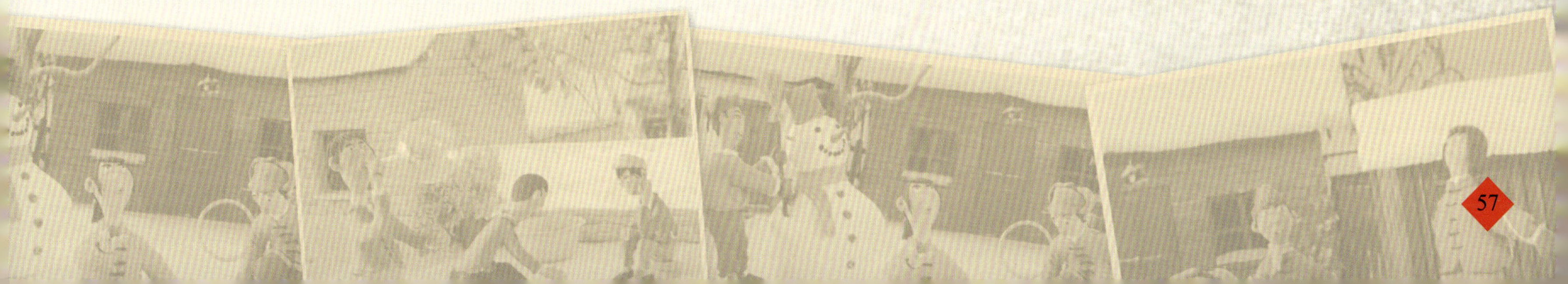

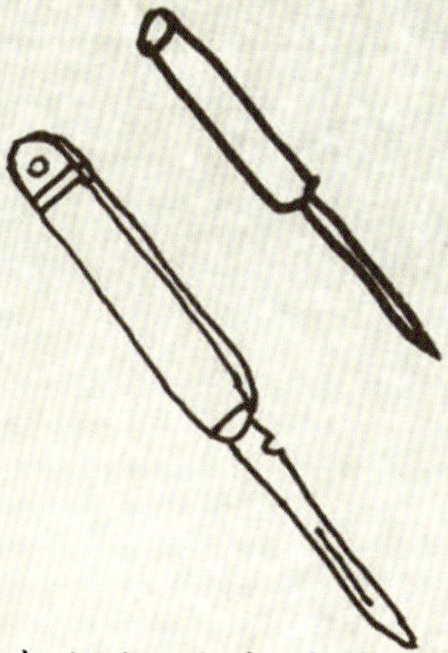

那时候的我们把游戏的输赢看得比赢天赢地还重要，因为它关乎我们的声誉！哈哈，这么说好像夸大其词了呢。其实，游戏让我们收获的不仅是身心的愉悦，更是淬炼智慧，提升自信的好办法。

晚霞中的红蜻蜓，童年时代遇到你啊，那是哪一天？

扫码观看玩法动画

四处奔跑着捉蜻蜓

小时候，我们捉蜻蜓，大抵是为了能和它玩儿。让它细细的腿搭在我们的小手背上，看它薄薄的在阳光下色彩斑斓的翅膀，感受它细长滚圆的肚子微微地起伏，和它大大的眼睛长久地对视，去猜测它内心的小秘密。遇到雨要来，蜻蜓低飞的时候，真有可能和它撞个满怀，让你误会，蜻蜓是专门来找你玩儿的。

蜻蜓满天飞的季节，那就是小伙伴儿们的节日呀。把家里废弃的纱窗拆下来，用那些纱网缝一个网兜，再把网兜的口用铁丝一圈，绑到一个杆儿上，就做成了特别简单好用的捉蜻蜓“神器”——兜网。聪明的小伙伴儿会迎着蜻蜓去兜蜻蜓，一网下去，便兜住好几只。还有更聪明的，干脆支住网不动，守株待兔，坐等蜻蜓自己飞进网里来。“大战”结束，小伙伴儿们总要比一比，看看谁捉的最多，谁捉的蜻蜓最好看，分出个高下，然后，在家长喊回家吃饭的吼声里再把捉到的蜻蜓都放掉，心满意足地各回各家。

估计蜻蜓肯定是极其讨厌我们这些小孩子的，因为是我们让它们受了很多惊吓，有的时候不小心还会伤到它们的翅膀、肚子或眼睛。有一次，我捉住了一只特别美的蓝蜻蜓，还找来我认为最漂亮的一只瓶子去装它。虽然瓶口留了很多的气孔，但是蜻蜓还是越来越蔫儿。爸爸说，你觉得瓶子很美，但蜻蜓最想要的是自由啊。

现在，每当江边蜻蜓漫天飞舞的时候，依然能看见小孩子们指着蜻蜓兴奋地大喊：看！蜻蜓，蜻蜓！却再也看不到他们与蜻蜓共舞的场景。

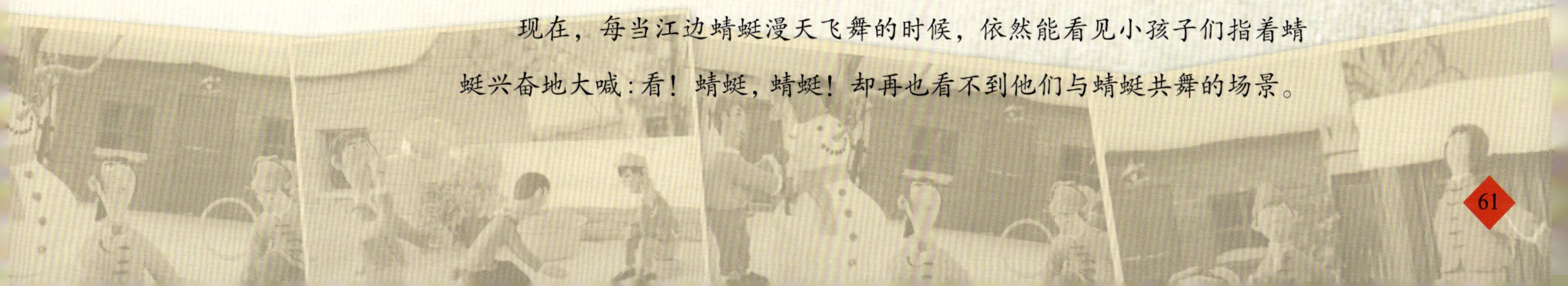

找块干净平整的地面，横竖各画
上五条线，再找上两种棋子……

扫码观看玩法动画

低成本对弈的走五道

对于一个有智慧的民族来说，对弈是最好的博弈游戏。它是智力的比拼，更是眼界的考量。

物质贫乏的年代，吃饱穿暖是最大的事儿，而一副棋盘、一套棋子虽说价格不高，但总归是有奢侈之嫌的。于是，走五道就成为最低成本的对弈游戏。

找块干净平整的地面，横竖各画上五条线，画成格子状，棋盘就有了模样。再找上两种棋子，不管它是大街上捡来的大小匀整的石子，还是家里闲置不用的纽扣，总之，双方就可以对垒了！

双方轮流走子，每次沿直线走一格，不能走斜线；吃子的规则是二吃一。走棋后，使直线上己方两子相邻，并与对方一子相邻，而且这条线上只有这三个子，就可以吃掉对方的子。

走五道入门容易，进阶难，想成为高手更是难上加难。初级玩法中以先剩下一子者为败，多子方胜。中级玩法中把对方的子吃光为胜。高级玩法中多子方先要“围”或吃“吃”，单子方只能要“挑”或“掘”，“困”毙或吃光对方则为胜。

走五道虽没有围棋的变化无穷，也没有五子棋的复杂多变，但也能切实地考量出对弈双方的思维严密与否，是不是有大局意识、长远眼光，能否在逆境中不急不躁，心态稳定。正所谓：弈虽小术，亦可观人。

《闲情偶寄》中说，弈棋不如观棋，因观者无得失心，观棋就变成了有趣的事。走五道，让弈者与观者都乐在其中。

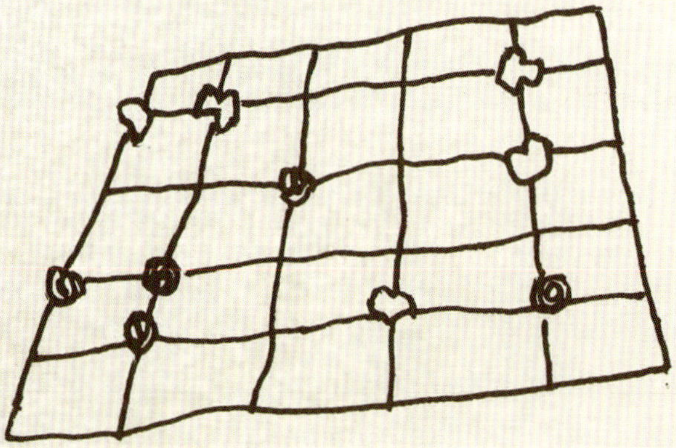

一个人跳猴皮筋儿，可以把猴皮筋拴在大树上、木桩上、单杠上……

扫码观看玩法动画

花样繁多的跳猴皮筋儿

没有小伙伴儿的时候可以一个人跳猴皮筋儿，把猴皮筋儿拴在固定的地方，可以是大树上，也可以是单杠、双杠上；可以跳单筋儿，也可以跳双筋儿，跳出许许多多的花样来。有了小伙伴儿，跳猴皮筋儿的故事就丰富起来。跳猴皮筋儿是女孩子的最爱，男生要想玩儿，除非是高手，否则就惨了，一律被指定做撑猴皮筋儿的人，俗称“木头桩子”。

那个时候，有了猴皮筋儿，世界就可爱了。哪个小姑娘要是手里提着一把猴皮筋儿，立马就身价倍增，成为大家瞩目的焦点人物。课间十分钟，她走到哪里，就有“粉丝”跟到哪里，哪里就成为欢乐的海洋。有一次，大家放学了想跳猴皮筋儿，可是却都忘了带猴皮筋儿，一个小伙伴的妈妈知道了，就把她家的劳保用品——胶皮手套都贡献出来，并拿给我们一把小剪刀，说：“你们把这些手套剪成一圈儿一圈的，再把圈圈套一起就可以跳猴皮筋儿了。”这下大家可有的忙了，所有人为阿姨的这个创意欢呼雀跃，一起动起手来。不一会儿，这一段儿一段儿套起来的猴皮筋儿就做好了。这个乳白色的一节节接起来的猴皮筋儿，就像一条粗糙的项链，可是在我的心里，好像它才是猴皮筋儿真正的模样。这些年在我内心深处，一直记载着那段无忧无虑快乐幸福的童年时光……

猴皮筋儿，就像绑在腿上的“电影”，有台词，有套路，每个小姑娘都有戏。“马兰花”“编花篮”……，不知道你会跳哪几段儿？

喜欢听玻璃球碰撞的清脆声，“啪”的一声，说明很准！

扫码观看玩法动画

装下男孩儿梦想的玻璃球

第一次看到玻璃球，觉得它们缤纷晶莹，真的好美，一直好奇那弯弯的小彩芽是怎么“长”到里面的。女生有时候想，玻璃球要是能串成项链就好了，但是对它的爱终究赶不上男生。哪个男生的玻璃球多，就是“大王”，同学们都会崇拜他，并且羡慕他的“富有”。玻璃球需要买，当然是越好看越贵，越小的越精致，越大的越神气！那时家里穷，几分钱的玻璃球买多了，也是一笔不小的负担，所以，要想弹玻璃球主要靠“赢”。

最爱和小伙伴们弹玻璃球，现在觉得那就是童年时代的高尔夫和台球啊。那时每个人手里都有数十个玻璃球，每当下课或是放学，几个男孩儿就会自动地集中在一起，找块平地，再在地上挖几个小坑儿。每个人从兜里掏出自己的玻璃球，“开战”。弹开别人的玻璃球，再把自己的玻璃球弹进坑儿就赢了。单膝跪地，找角度，手指运足气，瞄准……。喜欢听玻璃球碰撞的清脆声，“啪”的一声，说明很有准头儿；也喜欢看玻璃球默默进坑儿，那意味着精彩的一局结束了，新的一局开始了！

有一次，班里的几个男同学给一个弹玻璃球高手下战书，说一定要赢他。高手应战了，不到半小时就赢光了所有人的玻璃球，裤兜装得满满的。不过，不一会儿他就把所有玻璃球都分给别人了。他说，明天他还能赢回来！瞧，高手就是这么豪气！

一个小小的玻璃球，是那么大，大到能装下很多男孩儿满满的童年梦想！这里面有自豪，有糗事，但最重要的是，无论如何都弹得那么快乐过。

每次下雪的时候都想跑出去滚雪球！

扫码观看玩法动画

越滚越大的雪球

下了好大的雪，地上的雪厚厚的，小伙伴儿们一起比赛滚雪球。我们分成了两组。我们组为了赢，最开始就想滚一个好大的雪球，可不知为什么，雪球总是要散开，眼看对方组的雪球在地上越滚越大了，心里真是着急呀！看来贪心是不行的，还是要结结实实地团一个小球打好基础才行。我们组的一个男生团起一小堆雪，用他的大手掌攥结实了，把小雪球放在地上稳稳地滚了几下，发现没有散开的迹象了，全组同学就轮番上阵，不一会儿的工夫，雪球就变大了！由原来的一个人推，到两个人，再到三个人，更多的人……。我们这组稳住神儿，渐渐地就超过对手了！

我们的雪球越滚越大，对组的人都开始羡慕我们了，也加入我们的滚雪球队伍，人多力量大，我们竟滚出了童年里最大的一个雪球！当然啦，对方组的雪球也不会浪费，我们把大雪球放在下面，小雪球放在上面，最后堆出了一个圆鼓鼓的萌萌的巨无霸雪人，全然忘记了我们是在比赛呢！

在游戏中获得的快乐远远大于竞争的快乐。那合作的快乐，那欲速则不达的道理，也许是我们在滚雪球比赛中获得的最初的人生智慧。

小时候，总想知道雪是什么滋味！猜想着如果团一个小雪球放在嘴里，会和用冰糕夹夹出来的冰糕一样甜吗？虽然不能吃，但是雪球还是那么可爱。

那时，冬天里的爬犁既可以用来玩，还可以用来拉东西。

扫码观看玩法动画

驰骋冰面的赛爬犁

冬天来了，鹅毛大雪一下，嗯，玩爬犁去！爬犁好做，拿两个木方，上面拼几块木板，下面再钉上两根铁条，就做成了。

在大片的冰面上，我们女孩子有的时候也敢比一比，一个人或者几个人坐在爬犁上，一个人在后面用力推一下，谁滑得远，谁就赢了。别看主要的力量是在推的那个人，其实坐爬犁的也有讲究，要根据“赛道”随时调整好重心，才能让爬犁顺利快行。

玩了很多次爬犁，有一次看见一个老奶奶，拉着一个爬犁在楼下走，我很好奇，难道老奶奶这么大年龄了，也要玩爬犁？仔细一看才发现，爬犁上放着许多好吃的。后来才听父母讲，爬犁原本就是北方的一种交通工具，在冰雪闪亮如镜面的地面，有轮子的交通工具并不占优势，而且容易出事故，反而是这种没有轮子的，下面装有铁条的，在大雪天安全又好用。我恍然大悟，突然觉得自己多了一样宝贝，嗯，我也有自己的“车”了！

虽然我们小的时候，爬犁只能偶尔当作玩具，但是心中总是不免畅想这样的场景：冬天里，爷爷奶奶买了好多好吃的，都放在爬犁上，轻松地拉回家。一开门，家里人都很开心，仿佛那一刻就是圣诞老人从天而降，那该是一种多么幸福的感觉啊！

冰雪带给北方孩子的欢乐不胜枚举，玩爬犁肯定是其中比较“嗨”的一项哦！

看！冰尜就像被施了魔咒，在冰面上飞旋，有时甚至能跳起来！

扫码观看玩法动画

充满魔力的抽冰尜儿

第一次玩冰尜，真羡慕那些抽得好的哥哥姐姐啊。看！冰尜就像被施了魔咒，在冰面上飞转，有时甚至能跳起来！见到那样的场面，我总是拍手叫好，想要试一试，一个小姐姐很热心地把她的冰尜给我用。看他们抽得那么痛快，我也特别用力，结果鞭子没抽到冰尜，鞭子杆直接打在了冰面上，震得手好疼啊！还好小姐姐有耐心，告诉我抽冰嘎是得用力，但是最重要的是角度，要让鞭绳正好抽在冰尜的“肚子”上，冰尜才能转得起来。她直接用手把冰尜转动起来，然后抬起头精精神神地说：“抽吧！”我小心翼翼地去找冰尜的“肚子”，没太敢使劲抽，但冰尜真的继续转动了！我一下得到了巨大的鼓舞，试着更用力一些，果然让冰尜越转越快了。有的时候技术不熟练，鞭子杆偶尔还会抽在冰尜上，打在冰上，即便如此，我还是抽上瘾了！

记得有一年冬天第一次下雪后，我就飞快地拿着冰尜出门准备和小伙伴儿们一起玩，到了冰上才发现，自己的鞭子跑丢了——盼了好久的快乐时光眼看就要泡汤了。正沮丧呢，被旁边的大哥哥看见了，他召集小伙伴儿给我捡来了粗树枝，他大概量好长度，用力一掰，弄成一个大小合适的鞭子杆，然后把自己的鞋带解下来，将鞋带一端系在鞭子杆上，说：“玩吧，就是别忘了把鞋带还给我！”说完，大家一起哈哈哈地笑了，我也笑得特别灿烂。

这么纯洁美好的友谊，真让人想念啊，还有那挥动小鞭子的时光，常常出现在梦里。

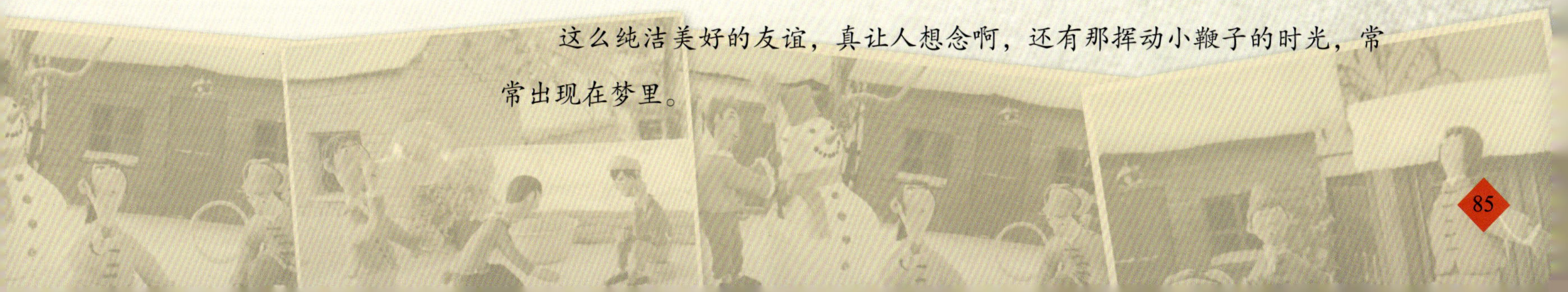

盼着冬天，盼着下雪，盼着结冰，盼着抽冰尜的快乐时刻快快到来！

用两只手把冰尜尖朝下握住，蹲在冰上顺时针方向用力一搓，使冰尜在冰上转动，然后立刻用小鞭抽打，冰尜就转起来了。

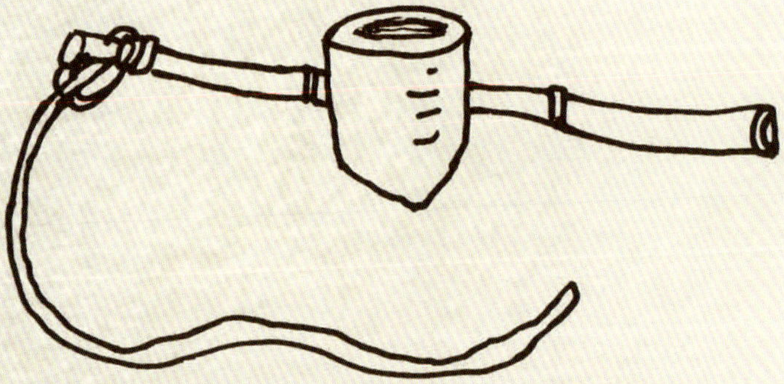

冬天来了，我们蹬着脚滑子去上学，一路上自由畅快！

扫码观看玩法动画

自由畅快的滑脚滑子

脚滑子的原理跟爬犁相似，只不过，爬犁拉在人的手里，坐在人的屁股下，而脚滑子则被捆在我们的脚上。童年的我们不知有多少人渴望像小哪吒一样，脚下踩个风火轮神气地满世界去跑。可是那时候没有轮滑鞋，没有平衡车，冰鞋也只有体育课练滑冰的时候才能领一双过过瘾，但是一节课的时间根本不可能滑尽兴啊。所以，就有了自制的脚滑子。冬天来了，我们蹬着脚滑子去上学，比走着去学校节省了不少时间。那一路自由畅快的感觉，幸福极了！

制作脚滑子很容易，先找两块和鞋一样大小的木板，在木板下面钉上两条粗铁丝，再在木板两边钉几个钉子，拴上麻绳儿。想玩的时候把绳子绑在脚上，然后就可以在冰雪路面上风驰电掣了。需要注意的是，往脚上绑的时候一定要绑紧了，否则滑得正高兴呢，突然掉了一只，就十分扫兴了。

小时候，家乡的冬天到处都是冰雪，上学放学的路上也是冰雪铺路，所以，男孩子们一出门就把它作为代步工具的脚滑子搭在肩上，遇到冰雪路面马上绑在脚上，连个热身动作都没有，嗖一下就冲出去好几米远。要是路面宽一些，就可以比赛了。

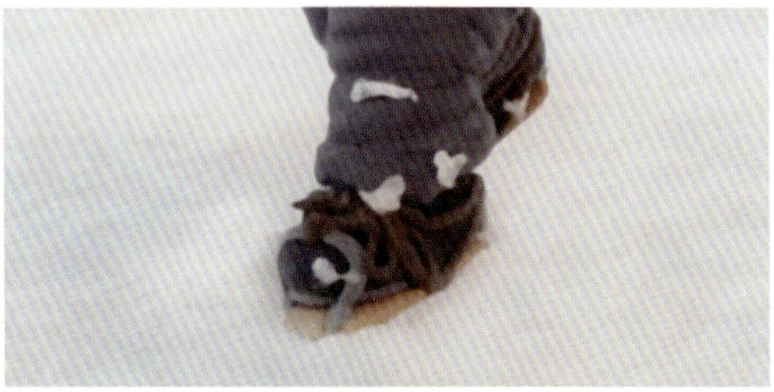

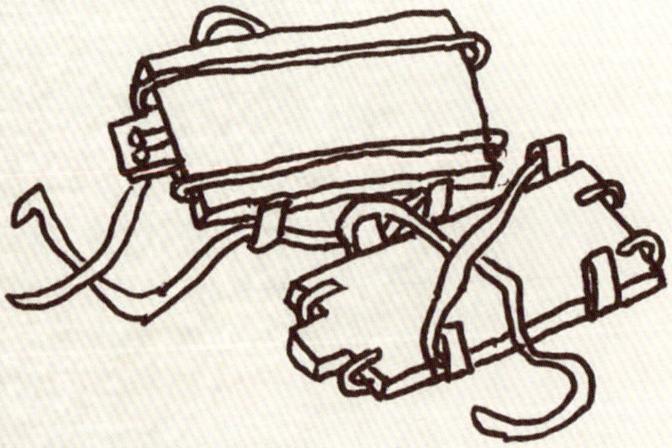

三十多年过去，在闪着光亮的地面和操场上，那些淘小子、疯丫头缠着脚滑子穿来穿去的场景始终留在我记忆的深处。

用手抱起一条腿做攻击腿，另一条腿跳着前进、后退、躲闪……

扫码观看玩法动画

充满火药味的撞拐子

北方的很多老游戏都是不需要任何道具的，撞拐子就是其中之一。它是男孩子们喜欢的游戏，因为在这种看似野蛮的角力中，收获的是勇敢和智慧。

撞拐子可以说是很“礼貌”的比武方式了，它需要的空间不大，一个角落就够了。撞拐子拼的是单脚站立、移动时抗击打的能力，所以特别考验平衡性和耐力。玩的时候，用手抱起一条腿做攻击腿，另一条腿跳着前进、后退、躲闪……灵活跟笨拙一眼便知。一般瘦些的男孩子撞拐子比较占优势，而稍胖些的几个回合下来就气喘吁吁了。但是胖的孩子撞击力量大，适合攻击；瘦些的则适合防守。如果两个人体重相当，对决起来也很好看，势均力敌，拼的是头脑。

撞拐子既可两人对决，也可两队对决。两队对决场面宏大，很有些火药味儿。哪个队都想赢，挑选队员就显得很重要。最受欢迎的队员当然是高大威猛的男孩子了，那些瘦小怯懦的总会被嫌弃，但是凑人数的时候，也只好让两队队长猜拳决定要谁弃谁，这暗暗刺激了那些被嫌弃的小伙伴。所以，那些男孩子私下就会苦练肌肉块儿，希望哪一天自己就是那个备受欢迎的主力队员。最好玩的撞拐子是集体混战，很多男孩子撞成一团。这时一个人单刀直入，左击右冲，仿佛有万夫不当之勇，如入无人之境，场面甚是火爆！

不争一时之气，不逞匹夫之勇。大概在撞拐子这个游戏里能够真真切切地体会到吧。

找来煤球做眼睛，胡萝卜当鼻子，最后找来一枚枯柳叶或一些煤球做嘴巴……

扫码观看玩法动画

脑洞大开的堆雪人

每一个东北的孩子，都有一个“发小儿”，他(她)的名字叫“雪人”。虽然他（她）会消失，但是冬天一到，雪一下，雪人就会带着崭新的模样再回来，因为小雪人想东北的家啦！

雪下得纷纷扬扬的时候，就是我们不怕室外的寒冷跑出去堆雪人的时候。在家长的督促下带上厚厚的手套，拿着家里的“家伙事儿”——铁锹、笤帚、煤铲、皮桶……，一溜烟儿地跑出去，先痛痛快快地滚出两个大雪球，用来做雪人的脑袋和身体。在滚雪球的过程里免不了打个雪仗，飞几个小雪球，摁倒几个最后被埋到雪堆里的“倒霉蛋儿”。这大概也算是堆雪人前的热身吧。

折腾够了，就开始造雪人了！两个大雪球，小点儿的做脑袋，大些的当身子。稳稳地摞好，泼上些水冻住，雪人就算基本成型了！然后就是按照我们想象的模样给雪人打扮起来，这是脑洞大开的时候。且不说那些堆雪人的工具都变成了雪人的行头，水桶变成了帽子，铁锹、铲子、扫帚变成了胳膊。对，胳膊不用对称，可能有胖瘦，也可能不一样长短，只要不残疾就行。然后就是细节美化。找来邻居家堆的煤球做眼睛，再去家里寻一根胡萝卜当鼻子，最后找一枚枯柳叶或一些煤球做弯弯的嘴巴，这雪人就算齐活了！这样忙活完了，哪里还会觉得冷啊？

那个年代，和邻居小伙伴，和同学，和父母，甚至和陌生人一起堆雪人，只要愿意——雪人就是我们情感的纽带。